DAS EREIGNIS DER EINFÜHLUNG

Herausgeber
Sigmund Freud Museum Wien

STEFANO BOLOGNINI

Das Ereignis der Einfühlung

Zwei psychoanalytische Reflexionen

Sigmund Freud Vorlesung 2016

Aus dem Englischen von Sergej Seitz
und Anna Wieder

Hg. vom Sigmund Freud Museum Wien

VERLAG TURIA + KANT
WIEN–BERLIN

Bibliografische Information der
Deutschen Nationalbibliothek

Die Deutsche Bibliothek verzeichnet diese Publikation in der
Deutschen Nationalbibliografie; detaillierte bibliografische
Daten sind im Internet über http://dnb.ddb.de abrufbar.

Bibliographic Information published by
Die Deutsche Nationalbibliotheks

The Deutsche Bibliothek lists this publication in the
Deutsche Nationalbibliografie; detailed bibliographic
data is available in the internet at http://dnb.ddb.de.

ISBN 978-3-85132-861-5

© Verlag Turia + Kant, Wien 2017

VERLAG TURIA + KANT
A-1010 Wien, Schottengasse 3A/5/DG1
Büro Berlin: D-10827 Berlin, Crellestraße 14
info@turia.at | www.turia.at

INHALT

Vorwort *(Monika Pessler)* 7

Eine eigene Wunde. Einführung
Gohar Homayounpour 15

STEFANO BOLOGNINI

**Die humanisierende Funktion der Einfühlung
in der gegenwärtigen Psychoanalyse**
25

Einleitung 27
1. Grazia 40
2. Ein Blick aus dem Fenster 42
3. Der Abschied des Herrn P. 51

Wilmas Wunden

61

Einleitung 63
Der Fall Wilma 65
Einen Monat später 74
Eine Sitzung Ende März 76
Fallbesprechung 82

VORWORT

2016 jährte sich Sigmund Freuds Geburtstag zum 160. Mal. Zu diesem besonderen Anlass fand die Sigmund Freud Vorlesung im Mai dieses Jahres im Wiener Billrothhaus der Gesellschaft der Ärzte statt. Freud selbst hatte seinen ersten Vortrag vor der medizinischen Gesellschaft 130 Jahre zuvor, im Oktober 1886 gehalten, und obwohl seine Ausführungen »Über männliche Hysterie« nicht unwidersprochen geblieben waren, wurde er im Jahr darauf in diese Vereinigung aufgenommen und blieb ihr, ab 1931 als Ehrenmitglied, erhalten. Dass Freuds Psychoanalyse eine kulturelle Wende in Europa einleiten und die Selbstsicht der Menschen nachhaltig verändern würde, sahen seine Zeitgenoss*innen wohl nicht voraus, ebensowenig den Umstand, dass Freuds internationaler Ruf den seiner Kolleg*innen, unter ihnen der Begründer der Neurochirurgie, Anton von Eiselsberg und der spätere Nobelpreisträger Julius Wagner-Jauregg, einst bei weitem übertreffen sollte.

Unmittelbar nach der Vertreibung der Psychoanalyse erfuhr Freuds Wirkungsgeschichte in Österreich keine Fortsetzung – sie konnte nur andernorts, im Exil, weiterentwickelt werden. Einen wesentlichen Anteil daran hatte die Internationale Psychoanalytische Vereinigung (IPV), die Freud schon 1910 ins Leben gerufen hatte. Die Wiener Psychoanalytische Vereinigung (WPV), die aus der Psychoanalytischen Mittwoch-Gesellschaft hervorgegangen war, nahm ihre Tätigkeit erst nach Kriegsende wieder auf und führt heute gemeinsam mit dem Wiener Arbeitskreis für Psychoanalyse in Wien die »Wiener Psychoanalytische Akademie« am Salzgrieß.

Um das Erbe Sigmund Freuds an seiner ehemaligen Arbeits- und Wirkungsstätte in der Berggasse 19 zu bewahren, etablierte sich 1968 die Sigmund Freud Gesellschaft, der wir es zu verdanken haben, dass 1971 die Eröffnung des Sigmund Freud Museums erfolgte: Seither zählen die Erforschung und Vermittlung von Freuds »Kulturwerk«, wie Thomas Mann es nannte, zu den Kernaufgaben dieser Institution. So gibt es mittlerweile in Wien ein kleines Netzwerk von Freud-Organisationen, die – wenn auch mit unterschiedlichen Schwerpunkten befasst – durch ihre Geschichte eng verknüpft, man könnte auch sagen miteinander »verwandt« sind. Diese Institutionen blicken nicht nur auf einen gemeinsamen Ursprung zurück, sie verfolgen auch ein gemeinsames Ziel: das kulturelle Erbe von Sigmund Freud in Theorie und Praxis zu bewahren und für ihren jeweiligen Diskurs zu aktivieren.

Wie eng diese verwandtschaftlichen Verhältnisse sind, wird umso deutlicher, blicken wir auf die Anfänge des Sigmund Freud Museums zurück und denken an jene Person, die für die Entwicklungsgeschichte der Psychoanalyse maßgeblich war und für ihre Institutionalisierung sorgte: Anna Freud, die als Freuds Tochter und als Analytikerin das Erbe ihres Vaters verwaltete und sich intensiv für die psychoanalytische Wissenschaft und deren internationale Verbreitung einsetzte. Anlässlich des 27. Kongresses der Internationalen Psychoanalytischen Vereinigung und der Eröffnung des Sigmund Freud Museums kehrte Anna Freud im Jahr 1971 erstmals nach ihrer Vertreibung 1938 nach Wien zurück.

Friedrich Hacker, der damalige Präsident der Sigmund Freud Gesellschaft, schrieb in einem Brief an Anna Freud vom 27. September 1971: »Hochverehrte und liebe Frau Doktor Freud, [...] ich bin überzeugt, daß Sie gespürt haben, daß sich Ihr Opfer gelohnt hat, da Sie der Sache der Psychoanalyse einen wichtigen Auftrieb nicht nur in Wien, sondern in der ganzen Welt gegeben [...] haben.« Tatsächlich belegt die jüngere Geschichtsschreibung, dass der 27. Internationale Kongress für Psychoanalyse die Aktivitäten der Wiener psychoanalytischen Institutionen, unter anderem auch den Austausch zwischen Psychoanalyse und Medizin, wesentlich stimulierte. In seinem Brief unterstellt Prof. Hacker Anna Freud, dass sie die positiven Folgen ihres Wien-Aufenthalts sicherlich »gespürt« hätte und verweist damit implizit auf Anna Freuds Einfühlungsvermögen, das ihrer Zustimmung zum IPV-Kongress in Wien von 1971 vorausgegangen war.

So wie Anna Freud als Ehrenpräsidentin der IPA vor 45 Jahren nach Wien kam, so nahm auch Stefano Bolognini, Präsident der Internationalen Psychoanalytischen Vereinigung, 2016 die Einladung des Sigmund Freud Museums wohlwollend an. Als Redner der Sigmund Freud Vorlesung bot er allen Interessierten und VertreterInnen der unterschiedlichen Freud-Organisationen eine besondere Gelegenheit, dem gemeinsamen Interesse zu folgen: der

Befragung psychoanalytischer Methoden und ihrer Wirkung im Hier und Jetzt.

Sein Vortrag »Die humanisierende Funktion der Einfühlung in der gegenwärtigen Psychoanalyse« schien nicht nur aufgrund der Koinzidenz von vergangenen und aktuellen Ereignissen, die die Psychoanalyse in Wien betreffen, gut gewählt. Die Auseinandersetzung mit der psychoanalytischen Einfühlung, die nach Lacan im Erschließen der Realität des »Anderen« einen Schritt zur Lösung von Konflikten anerkennt, erwies sich auch im Zusammenhang mit den gesellschaftspolitischen Ereignissen der Flüchtlings- und Migrationsbewegungen, die das Kultur-Über-Ich Europas gegenwärtig auf die Probe stellen, als sinnstiftend.

Bologninis Text »Wilmas Wunden«, in dem der Psychoanalytiker das Thema Einfühlung im Zusammenhang mit der Behandlung von traumatisierenden Ereignissen auf der Ebene der klinischen Reflexion noch einmal zur Sprache bringt, komplettiert seine hier vorliegende theoriegeleitete Sigmund Freud Vorlesung um wesentliche Erkenntnisse aus seiner psychoanalytischen Praxis.

Monika Pessler
Direktorin
Sigmund Freud Museum

EINE EIGENE WUNDE

EINFÜHRUNG

GOHAR HOMAYOUNPOUR

Es ist mir eine große Freude, Stefano Bolognini anlässlich des 160. Geburtstags von Sigmund Freud als Redner der 43. Sigmund Freud Vorlesung 2016 vorzustellen. Dr. Bolognini ist Psychiater, Lehranalytiker und Supervisor der Italienischen Psychoanalytischen Gesellschaft (SPI). Er ist Präsident der Internationalen Psychoanalytischen Vereinigung, für die er zuvor auch als Vorstandsmitglied und als Vorsitzender mehrerer Komitees tätig war. Er war darüber hinaus Präsident des Psychoanalytischen Zentrums Bologna und der Italienischen Psychoanalytischen Gesellschaft. Zehn Jahre lang, von 2002 bis 2012, war er im Europäischen Herausgebergremium des *International Journal of Psychoanalysis* tätig.

Bei der Auflistung dieser biographischen Daten beschleicht mich aber das Gefühl, dass ich eigentlich gar nicht das getan habe, worum man mich ursprünglich gebeten hat: nämlich Stefano Bolognini, den ich seit zehn Jahren kenne und von dem ich in dieser Zeit vielerlei Dinge lernen durfte, wirklich vorzustellen. Lassen Sie es mich also auf freundschaftlichere Weise versuchen – auch wenn es in der Tat lediglich bei einem bescheidenen Versuch bleiben kann, Ihnen diesen besonderen Menschen heute vorzustellen.

Stefano Bolognini ist ein führender, international renommierter zeitgenössischer Psychoanalytiker. Sein Begriff der psychoanalytischen Einfühlung revolutionierte die Rolle der Einfühlung in der Psychoanalyse. Er arbeitet zum komplexen Verhältnis von Einfühlung und Unbewusstem, wobei er auch topische, strukturale und dynamische Aspekte untersucht und uns sowohl vor einer Vereinfachung wie auch vor einem inflationären Gebrauch des Einfühlungsbegriffs warnt.

Bolognini wendet sich gegen die Annahme, wonach man die Einfühlung erzwingen könnte, was für ihn stets in einen »Empathismus« führt sowie zu der falschen Vorstellung, dass die Einfühlung eine Methode ist, ein Ziel – und kein »unvorhersehbares Ereignis«, das eintreten kann oder auch nicht.

Er unterstreicht, dass wahre Einfühlung »ein Zustand einer bewussten und vorbewussten Verbindung ist, die auf Trennung und Teilen beruht. Da die Einfühlungsbeziehung nicht nur die Ich-syntonische Subjektivität der Patient*in betrifft, sondern auch deren Ich-Abwehr und deren Abspaltungen, bedarf es zu ihrer Herstellung langer Arbeit an der Gegenübertragung und der Fähigkeit der Analytiker*in, sich mit den eigenen instinkthaften Anteilen auseinanderzusetzen« (vgl. Bolognini 2001, 447).

Meines Erachtens steht Bologninis Begriff der Einfühlung in einer gewissen Nähe zu Jacques Derridas Begriff der *Gastfreundschaft* (vgl. Derrida 2001): einer *poetischen* Gastfreundschaft, da der Akt der Gastfreundschaft nach Derrida nur als poetischer gedacht werden kann. Sowohl Derrida als auch Bolognini distanzieren sich damit von Formen oberflächlicher Unterstützung und sentimentaler Freundschaftlichkeit.

Bolognini erinnert uns daran, dass »eine Technik der Einfühlung keineswegs automatisch etwas ›Gutes‹, Unschuldiges und Wohlwollendes impliziert: Leider konfrontiert uns das Leben immer wieder mit Situationen, in denen auch perverse und kriminelle Tätigkeiten Einfühlungsvermögen in die psychische Verfassung potentieller Opfer beinhalten; jenes Einfühlungsvermögen ermöglicht es dem Agressor dann, sein Gegenüber besser zu hintergehen oder zu lenken, indem er genau wahrnimmt, wie der Andere innerlich disponiert ist, wie er sich fühlt und was in ihm abläuft« (vgl. in diesem Band 32).

Stefano Bolognini ist ein Geschichtenerzähler. Eines seiner Bücher trägt den Titel *Like Wind, Like Wave. Fables from the Land of the Repressed* (2006). Im literarischen Duktus setzt er sich über die Grenzen von Raum und Zeit hinweg und wird zum Dichter einer anderen Zeit und aller Zeiten, und zeichnet so eine ontologische psychische Landkarte zu den eigenen »geheimen Wegen«. Stefano Bolognini ist eine psychoanalytische Leitfigur: Integrität, Einfühlungskraft, gutwillige Neugierde und tiefes Begehren zeichnen ihn aus. Indem er unermüdlich der Freud'schen Überzeugung treu geblieben ist, wonach Worte und Zauber ursprünglich ein und dasselbe waren, macht er Repräsentation und Bedeutungsgenese innerhalb einer generationenübergreifenden ›Erzählung in der Erzählung‹ möglich. Bolognini ist der Inbegriff eines Psychoanalytikers und einer Leitfigur im 21. Jahrhundert. Er ist jemand, der mit der Komplexität menschlichen Seins in all seinen vielgestaltigen, überraschenden, konflikthaften und abgespaltenen Facetten vertraut ist.

Unser psychoanalytisches Elternhaus, symbolisiert durch die Adresse des Sigmund Freud Museums in der Berggasse 19, unsere generationenübergreifende Sukzessionslinie, unsere Heimstatt birgt die Schatten Jacob Freuds, Sigmund Freuds und Stefano Bologninis – unsere väterliche Reihe. Ich glaube, dass wir Psychoanalytiker*innen uns gerade am heutigen Punkt der Menschheitsgeschichte daran erinnern müssen, dass wir dieser Tradition angehören, denn man könnte vielleicht argumentieren, dass viele unserer gegenwärtigen globalen Desaster im Besonderen – und überhaupt die Krise des Subjekts im Allgemeinen – mit einer Schwächung des »Namens des Vaters« zu tun haben. Ich habe nur Männer genannt, aber es versteht sich, dass das Väterliche, auf das ich anspiele, nicht geschlechtsspezifisch zu begreifen ist.

Ist es nicht ironisch, dass die Gewaltakte, mit denen wir gegenwärtig weltweit konfrontiert sind, oftmals im Namen des Vaters verschiedener Religionen verübt werden? Aber ist dies nicht jeweils ein perverser oder psychotischer Vater, der eigentlich auf jene vaterlose Welt verweist, in der wir leben? Sind wir nicht in einem tragischen Kreislauf der Wiederholung vergangener Verletzungen gefangen? Ein Kreislauf ohne Aussicht auf Veränderung und Sublimierung, ohne Chance, Wilmas Großvater zu treffen? Sind wir mit unserer eigenen Wunde sprachlos allein gelassen?

Um diesem tragischen Kreislauf zu entkommen, müssen wir gastfreundlich dem symbolischen Freud begegnen – nicht, weil er perfekt war, sondern allein deswegen, weil das eben der Name des Vaters in der Psychoanalyse ist. Wir dürfen unsere Dankbarkeit gegenüber Freud nicht verleugnen, wenn wir einen

Weg zum Lustprinzip finden wollen, einen Weg weg von den Alpträumen und hin zu den Träumen. Und so sollten wir sie gastfreundlich empfangen – Jacob Freud, Sigmund Freud und Stefano Bolognini –, sollten sie zuvorderst als unser poetisches Erbe willkommen heißen, um ins Reich der Sprache zu finden.

Im Namen des gesamten Sigmund Freud Museums möchte ich Stefano Bolognini unseren Dank dafür aussprechen, dass er die »humanisierende Funktion der psychoanalytischen Einfühlung« erarbeitet hat; dafür, dass er uns an die Bedeutung der Figur des »Großvaters« für die eigene Entwicklung erinnert hat; und vor allem für seine Gastfreundschaft gegenüber »Wilmas Wunden« und unseren eigenen Wunden.

Heißen wir nun gemeinsam Stefano Bolognini, den Präsidenten der Internationalen Psychoanalytischen Gesellschaft, willkommen. Zweifellos wird sein verlässliches, beständiges und kundiges Kommen unsere Wunden in

Erinnerungen verwandeln, unsere Verletzungen in Geschichten und unsere sadomasochistischen Kampfplätze in Tummelplätze. Bevor aber all dies geschieht, kann ich Ihnen in der Zwischenzeit versichern, dass wir mit unseren Wunden und in unserer unvorhersehbaren, faszinierenden und nicht ganz unmöglichen Profession namens Psychoanalyse durch ihn weniger allein sein werden.

LITERATURVERZEICHNIS

Bolognini, Stefano (2001): »Empathy and the Unconscious«, in: *The Psychoanalytic Quarterly*, 70, 2, 447–473.

Ders. (2003): *Die Psychoanalytische Einfühlung*. Gießen: Psychosozial-Verlag.

Ders. (2006): *Like Wind, Like Wave. Fables from the Land of the Repressed*. New York: Other Press.

Ders. (2010): *Secret Passages. The Theory and Technique of the Interpsychic Relations*. London: Routledge.

Derrida, Jacques (2001): *Von der Gastfreundschaft*. Wien: Passagen.

DIE HUMANISIERENDE FUNKTION DER EINFÜHLUNG IN DER GEGENWÄRTIGEN PSYCHOANALYSE

STEFANO BOLOGNINI

EINLEITUNG

Als ich in den frühen 1980er Jahren begann, über den Begriff der »Einfühlung« (*empathy*) zu schreiben, zirkulierte er fast ausschließlich in den USA, obwohl Sigmund Freud in seinen Schriften mehrmals darauf zu sprechen kommt. Die nordamerikanischen Autor*innen der 1960er Jahre – u.a. Schafer, Kohut und Greenson – widmeten sich an zentraler Stelle einem klinischen Phänomen (der Einfühlung), dem im europäischen Kontext damals scheinbar nur wenig Aufmerksamkeit zuteil wurde (wo man sich eher auf metapsychologische Fragen oder auf die Deutung jener inneren Welt der intrapsychischen Wandelerscheinungen konzentrierte). Demgegenüber fokussierten die nordamerikanischen Forscher*innen auf die Resonanzfähigkeit und das Einfühlungsvermögen der Analytiker*in in der Konfrontation mit den Erfahrungen der Patient*in, die sie als zentrale Faktoren im Rahmen des psychoanalytischen Prozesses erachteten.

Abseits avancierterer psychoanalytischer Bezugnahmen verband man in Europa mit dem Wort »Einfühlung« zumeist eine oberflächliche Mischung aus süßer Zärtlichkeit, ungebrochenem Wohlwollen, freundlicher Unterstützung und der Vermeidung interpretativer Eingriffe zur Erschließung der unbewussten Ebene der psychischen Wirklichkeit. Infolgedessen begegnete man diesem Begriff in professionellen Kreisen mit Geringschätzung.

Auch die historische Kontroverse zwischen Otto Kernberg und Heinz Kohut am Beginn der 1970er Jahre blieb relativ unbeachtet und wurde in Europa zumindest teilweise missverstanden; und zwar, wie ich denke, als Disput zwischen einer »starken« Position, die der Patient*in den destruktiven Anteil ihrer Persönlichkeit unverhohlen vor Augen führt, und einer »schwachen« Position, die der Patient*in eine lange Reifeperiode zugesteht, ohne dass die Analytiker*in deutend eingreift. Die erstere Position würde ich als »*krisis*-Lösung« bezeichnen, die zweite dagegen als »*lysis*-Lösung«.

Diese reduktionistische Beschreibung zweier viel reichhaltigerer theoretischer und klinischer Traditionen (wobei Kernberg zu dieser Zeit als Vertreter der post-Kleinianischen Kultur fungierte, während Kohut eher den Arbeiten von Ferenczi und Balint verbunden war) verweist auf einen ungerechtfertigten »Überwertigkeitskomplex« vieler europäischer Analytiker*innen gegenüber dem diffizilen Unterfangen, die analytische Beziehung selbst zu untersuchen: Viele von ihnen waren der Ansicht, dass die wissenschaftliche Wahrheit der Psychoanalyse pragmatischere Wege beschreiten sollte, indem sie sich vor allem auf Triebe, Abwehrstrategien und Durcharbeitungsprozesse konzentriert und dabei unter der Hand annimmt, dass Kontakt, Intuition, Mit-Erfahrung, Teilen usw. für die Analyse nicht wirklich relevant sind, sondern eher Hindernisse darstellen.

Ich bin mir darüber im Klaren, dass diese historischen Befunde außerhalb eines engen Spezialist*innenkreises wohl nicht sonderlich inspirierend sind, weshalb ich darauf auch nicht weiter eingehen werde. Ich habe sie hier jedoch eingangs erwähnt, um aufzuzeigen, dass die Frage der Einfühlung unter Analytiker*innen sehr lange kontrovers diskutiert und zuweilen sogar ihre Zugehörigkeit zum begrifflichen Inventar der Psychoanalyse sowie ihre Relevanz für die analytische Therapie in Abrede gestellt wurde.

Im Gegensatz dazu wird das Verständnis von Einfühlung, das ich in der Folge skizzieren werde, womöglich überraschen und auch einige Erwartungen enttäuschen. Ich werde nämlich all jene enttäuschen, die davon ausgehen, dass eine ausgebildete Analytiker*in willentlich über ihr Einfühlungsvermögen bestimmen und dessen therapeutischen Einsatz im

Voraus planen kann. Ich bin der Auffassung, dass man sich dafür entscheiden kann, den Worten des Anderen Raum zu geben, ihm zuzuhören und geduldig auch seine schmerzlichen und langweiligen Stimmungen zu ertragen; wenn eine Analytiker*in jedoch plant, einfühlsam zu sein, dann ist damit für gewöhnlich das Scheitern oder zumindest das Missverständnis schon vorprogrammiert. In diesem Punkt widerspreche ich Autor*innen wie Kohut und Modell, die ich im Allgemeinen sehr schätze. Im Gegensatz zu ihnen gehe ich nicht davon aus, dass Einfühlung eine Methode sein kann. Ich denke vielmehr, dass Einfühlung eine Art Erfahrung ist, deren Auftreten wir durch Übung und langfristiges psychisches Zusammenleben mit unseren Patient*innen höchstens begünstigen können; in der Sitzung selbst bleibt sie jedoch ein unvorhersehbares Ereignis.

Ich werde auch diejenigen enttäuschen, die annehmen, dass die Entdeckung der »Spiegelneuronen« (wenngleich sie sehr wichtig und überaus faszinierend ist) das Phänomen der Einfühlung auf einer komplexen Ebene menschlicher Interaktionen »erklären« kann. Allgemeiner gesagt: Ich werde all jene enttäuschen, die glauben, dass Einfühlung etwas Einfaches ist.

Parma – die Stadt, in der die bedeutenden Wissenschaftler*innen (Rizzolati, Gallese u.a.) arbeiten, die die Spiegelneuronen entdeckten (eine der meistzitierten wissenschaftlichen Entdeckungen der jüngeren Zeit) – liegt nur sechzig Kilometer von Bologna entfernt, und für meine Bologneser Kolleg*innen und mich ist es stets ein Privileg, diese wissenschaftlichen Errungenschaften vor Ort diskutieren zu können, die auch für Forschungen im Grenzbereich von Neurowissenschaften und Psychoanalyse von hoher Innovationskraft sind.

Diese famose Entdeckung kann jedoch nicht (oder zumindest noch nicht) die Komplexität wirklicher menschlicher Verständigung erklären, obwohl sie in beeindruckender Weise die Funktionsweise weniger vielschichtiger Interaktionsprozesse zu erläutern vermag. Dennoch eröffnet der Begriff der »verkörperten Simulation« (vgl. Gallese 2006, Gallese 2007) eine neue Perspektive auf die Funktion parietaler Spiegelneuronen, nicht nur die körperlichen Bewegungen, sondern auch die Intentionen und mentalen Pläne des Subjekts zu spiegeln, dem wir begegnen.

Die klinischen Beispiele, die ich vorstelle, vermögen jedenfalls zu zeigen, dass der vielschichtige Austausch, der in der Therapie zu einer Situation der Einfühlung führen kann, weitaus komplexer ist. Dabei sei sogleich vorausgeschickt, dass mir insbesondere daran liegt, die Differenz zwischen »normaler« Einfühlung und psychoanalytischer Einfühlung herauszuarbeiten.

Am meisten aber werde ich all diejenigen enttäuschen, die glauben, dass eine Technik der Einfühlung automatisch etwas »Gutes«,

Unschuldiges und Wohlwollendes impliziert: Leider konfrontiert uns das Leben immer wieder mit Situationen, in denen auch perverse und kriminelle Tätigkeiten Einfühlungsvermögen in die psychische Verfassung potentieller Opfer beinhalten; jenes Einfühlungsvermögen ermöglicht es dem Agressor dann, sein Gegenüber besser zu hintergehen oder zu lenken, indem er genau wahrnimmt, wie der Andere innerlich disponiert ist, wie er sich fühlt und was in ihm abläuft.

Es ist nur allzu gut bekannt, dass viele geübte »Mafiosi« dazu fähig sind, starken Einfluss auf die Geisteshaltung anderer Personen auszuüben, indem sie sie auf eine subtile, untergründige und unscheinbare Weise bedrohen, die direkt auf ihr Unbewusstes abzielt. Das Opfer fühlt dann ein diffuses Unbehagen, vermag jedoch nicht, dessen Ursache zu gewärtigen, da der »Mafioso« so zuvorkommend und freundlich war, als er es am Arm gepackt hat...

Diese Einschüchterungstechnik könnte nicht ohne eine anspruchsvolle, präzise und komplexe, vielschichtige Wahrnehmung des Geisteszustands des Anderen und seiner inneren Abwehrmechanismen funktionieren: Sich in die Ich-Abwehr des Opfers einzufühlen, ist für professionelle Verbrecher*innen entscheidend, und dies impliziert auch eine partielle Identifizierung mit ihm, um es in einer noch effizienteren Weise zu lenken.

Ein hoher Komplexitätsgrad ist aber auch deswegen zu veranschlagen, weil Menschen notwendig konflikthafte Wesen sind; in der Analyse sind wir daher stets mit zumindest zwei konfligierenden Aspekten oder Ebenen konfrontiert. Darüber hinaus sind alle menschlichen Subjekte zumindest teilweise gespalten. Dementsprechend müssen wir nicht nur mit dem zentralen bewussten Ich in Kontakt treten, sondern auch mit den Anteilen oder Fragmenten, die abgespalten oder nach außen (und häufig gerade auf die Analytiker*in) projiziert werden. Früher oder später werden wir in der Behandlung mit jenen abgespaltenen Anteilen zu tun bekommen, insofern sie in das Selbst oder das analytische Setting wiedereinzufügen sind. Früher oder später glauben wir also, in der Lage zu sein, jene Anteile wiedergeben, sehen, hören und riechen zu können, und sie schließlich wie ein Puzzle zusammenzusetzen und die vermeintliche Einheit der Person wiederherzustellen. Unglücklicherweise werden wir nur sehr selten umstandslos über unsere Techniken verfügen können, während wir auf dieses Ziel zusteuern. Daher verweisen viele Autor*innen auf die zentrale Rolle der Überraschung in ihren klinischen Erfahrungen, insbesondere wenn die wichtigsten Übergänge innerhalb des analytischen Prozesses sich entgegen der Erwartungen der Analytiker*in ereignen. Einfühlung ist meines Erachtens also in den meisten Fällen weniger ein Ziel, als vielmehr ein Ereignis.

Eine weitere wirkmächtige Annahme, die aus meiner Perspektive zurückzuweisen wäre, betrifft das Moment des Teilens als einzig wesentlichen Faktor für das Ereignis der Einfühlung. Ich denke, dass das Teilen einen notwendigen Schritt darstellt, um auf der Ebene des Selbst die Erfahrungen der Patient*in nachzuvollziehen; dies ermöglicht der Analytiker*in die »Arbeit am Selbst«. Dennoch reicht dies meines Erachtens nicht aus, zumindest wenn es um die psychoanalytische Einfühlung geht. Hierzu sollte nämlich auch die Ich-Arbeit der Analytiker*in und der Patient*in in den Prozess Eingang finden können, um die therapeutische Auseinandersetzung zum Erfolg zu bringen.

Das Teilen ist meiner Meinung nach eine notwendige Vorstufe eines möglichen Einfühlungsprozesses, aber es garantiert keineswegs, dass der Prozess auch erfolgreich abgeschlossen wird. Die erfahrende Selbst-Arbeit und die erkennende Ich-Arbeit der Patient*in müssen jedenfalls zur Deckung gebracht werden, um das Risiko einer Fehlidentifizierung einerseits und das Risiko einer Intellektualisierung andererseits abzuwenden.

Um all diese Anforderungen zusammenzufassen, habe ich – wie viele andere Autor*innen, die zu diesem Thema gearbeitet haben – eine eigene Definition der Einfühlung vorgelegt, die ich hier wiedergebe:

Wahre Einfühlung ist ein Zustand einer bewussten und vorbewussten Verbindung, die sich durch Abgetrenntheit, Komplexität und eine vernetzte Struktur auszeichnet, ein breites Wahrnehmungsspektrum, das alle Farben der emotionalen Palette beinhaltet, von der hellsten bis zur dunkelsten; vor allem bildet sie einen fortschreitenden, geteilten und innigen Kontakt mit der Komplementarität des Objekts, ebenso mit der Ich-Abwehr des Anderen und seinen Abspaltungen wie auch mit seiner Ich-syntonischen Subjektivität. (Bolognini 1997, 44)

Um diese komplexen Kriterien zu operationalisieren – was im Bereich der psychoanalytischen Einfühlung angemessener erscheint als in gewöhnlichen Formen menschlicher Einfühlung –, werde ich knapp drei Beispiele vorstellen, nämlich:

1. ein klassisches klinisches Szenario, in dem die *Verdrängung* den wesentlichen Abwehrmechanismus bildet, und in dem der Analytiker mit einer inneren »Doppelstruktur« der Patientin konfrontiert wird, in der eine bewusste und eine unbewusste Ebene aufeinandertreffen.
2. eine komplexere Situation, in der mehrere Identifizierungen im Spiel sind, und in der ein Analytiker und sein Supervisor eine solche Komplexität in einem fortschreitenden Durcharbeitungsprozess erkunden, was ihnen erlaubt, sich in die »vielen Lagen« der Patientin zu versetzen.
3. eine klinische Sitzung, die den Analytiker zunächst in eine spannungsvoll geteilte Er-

fahrung hineindrängt und dann zu einer reziproken Anerkennung sowohl der Selbstauflösungsgefühle des Patienten führt als auch der wiederholten intersubjektiven Tragödie seines Scheiterns daran, verstanden zu werden.

1. GRAZIA

»Doktor, ich liebe ihn – von ganzem Herzen!«, verkündete Grazia während einer psychotherapeutischen Sitzung, wobei sie ihre Hände theatralisch auf ihre Brust legte, sich nach vorn lehnte und mich die ganze Zeit über reumütig anschaute, um mich nur umso mehr davon zu überzeugen.

Sie meinte ihren Ehemann, den sie als »wahnsinnig eifersüchtig« beschrieb und den sie, wie sie schwor, rückhaltlos liebte. Sie sagte dies mit verzweifelter Miene, ihre Augen blickten ins Leere und sie schüttelte dabei trostlos den

Kopf und strafte so paradoxerweise ihre eigenen Worte Lügen.

Zwei Monate später kam mir diese Szene wieder in den Sinn, als Grazia unversehens ihren Ehemann betrog; sie war völlig hingerissen und zum ersten Mal in ihrem Leben wahrhaft (in einen anderen Mann) verliebt. Mir schien, dass in jener dramatisch gespannten Sitzung zwei verschiedene Grazias zum Vorschein gekommen waren: eine bewusste und intentionale, betrübte und konformistische; und eine andere, unbewusste, die aus dem Inneren ein gegenteiliges Signal sendete, wie eine Gefangene, die trickreich eine Nachricht aus dem Gefängnis sendet – durch den Wärter!

Während die »erste« Grazia die Liebe zu ihrem Ehemann bekundete, schüttelte die »zweite« Grazia – der ersten unbekannt – den Kopf, um zu sagen: »Glaube ihr nicht, *es ist alles ganz anders!*«

Wie hier deutlich wird, wäre es in dieser Situation nicht gerade einfühlsam gewesen, ihr äußerliches theatralisches Verhalten als authentisch zu werten; eine tiefere Einfühlung verlangte zumindest, jene beiden Hauptebenen wahrzunehmen. Die lange Geschichte ihres Konflikts und ihrer partiellen Unfähigkeit zur Ich-syntonischen Authentizität besser zu verstehen, erforderte noch viel mehr Arbeit.

2. EIN BLICK AUS DEM FENSTER

Psychoanalytiker*innen sind, im Gegensatz zu gewöhnlichen Menschen, daraufhin ausgebildet, der Komplexität gegenüber aufgeschlossen zu sein, stets einen Teil ihres Blickfelds offen zu halten, um für neue Entwicklungen in einer Situation und für andere Gesichtspunkte Raum zu lassen. Ich will nur ein kleines Beispiel dafür geben. Ein junger Kollege erzählte mir von einer Sitzung mit einer agoraphobischen Patientin, mit der er viele Monate in der Analyse gearbeitet hat. Er versuchte, sie aus einer komplizierten Verstrickung zu befreien, die sich aus Schwierigkeiten bei ihrer inneren Integration und ihrem Widerwillen, auf die Vorteile zu verzichten, die mit ihrer Krankheit einhergingen, zusammensetzte. Es handelte sich im Wesentlichen darum, zwei Dinge gleichzeitig im Blick zu behalten: nämlich sowohl die echte Unsicherheit der Patientin, die bei der Vorstellung, alleine aus dem Haus zu gehen, ihre manifeste Pseudo-Reife angesichts des Alleinseins, der Konstitution einer eigenständigen Identität und des authentischen Selbstseins bemerkte, als auch jene Lustfixierungen, auf die die Patientin nicht ohne Weiteres verzichten wollte und die damit zusammenhingen, überallhin von ihrem Mann (der für sie wie ein Bruder war) oder Vater (der für sie – im Geiste – gewissermaßen wie ein Ehemann war) begleitet werden zu können bzw. zu müssen. Der Vater der Patientin, ein autoritärer Mann mit starker Persönlichkeit, stellte sich als zugleich symbiotisch und überkritisch heraus, was ihn seinerseits auf der Übertragungsebene auf jede Erwähnung des Psychoanalytikers überempfindlich reagieren ließ.

Mein junger Kollege hat das Zusammentreffen dieser Faktoren, und damit die Komplexität der Situation, gut begriffen. Bei der Supervision hatten wir mehrmals Gelegenheit, darüber nachzudenken, auch anhand der Assoziationen und der direkten Antworten der Patientin auf seine Bemerkungen, ob letztere passend und brauchbar waren oder nicht. Beispielsweise kam der Psychoanalytiker dazu, die Patientin darauf hinzuweisen, dass sie an Fusionslüsten festhielt, die mit der Erwartung verbunden waren, die Kontrolle über das Objekt aufrechtzuerhalten. Sie selbst erkannte an, diese Lüste wirklich ausgebildet und kultiviert zu haben, obwohl sie nicht unerlässlich waren, und bestärkte so den Analytiker in seiner Beobachtung. Andere Male hingegen hatte ihn die Patientin als übermäßig misstrauisch ihr gegenüber empfunden und ihm immer wieder zu verstehen gegeben, dass er ihr echtes, tiefes Unvermögen nicht genügend gewürdigt hätte.

Mein Kollege berichtete mir von einem interessanten Ereignis, das seiner Patientin nach einer sitzungsreichen Woche widerfahren war, in der die beiden miteinander über das grundlegende Dilemma in Konflikt geraten waren: »Wie viel macht die Beeinträchtigung aus und wie viel die Kontrolllust?«

Die Patientin stand gemeinsam mit ihrem Ehemann auf dem Balkon, um den Leute unten auf der Straße zuzusehen. Auf der anderen Straßenseite betrat eine Mutter ein Obstgeschäft und ließ ihre vierjährige Tochter draußen vor dem Geschäft spielen. Die Patientin erkannte die Frau. Sie wusste, dass sie in der Nähe wohnte, dass sie auch einen kleinen Sohn hatte, dass es in der Familie große Spannungen gab und dass die Frau kurz davorstand, sich von ihrem Mann zu trennen. Da kniete sich das Mädchen plötzlich hin und machte seine Strumpfhose an den Knien absichtlich dreckig.

Dann schlurfte es hinein zu seiner Mutter. Die Patientin und ihr Mann beobachteten diese Szene vom Balkon aus mit Rührung. Der Vater der Patientin, der währenddessen von hinten dazugestoßen war und die Szene ebenfalls mitangesehen hatte, bemerkte mit sarkastischem Grinsen: »So eine gerissene kleine Göre!« Die Patientin berichtete dem Psychoanalytiker, dass dies für sie in dem Augenblick sehr traurig und bekümmernd war.

In seinen Überlegungen zu dieser Szene bemerkte mein Kollege, dass sie auf mehreren Ebenen vielsagend war. Die Patientin zeigte sich zu einer bemerkenswerten einfühlenden Identifizierung mit dem kleinen Mädchen imstande; sie hatte begriffen, dass sowohl das Simulieren als auch das Leiden der Kleinen echt waren, aber vor allem, dass in diesem Fall das Simulieren eine Folge des Leidens war. Das Mädchen spürte, dass die anderen seinem inneren Leiden keine Aufmerksamkeit schenkten, und versuchte naiv, seine Mutter mit einem anderen und konkreteren Leiden zu konfrontieren, das diese nicht übersehen konnte. Die Patientin, aber auch ihr Mann, zeigten, dass sie fähig waren, sich in das Kind hineinzuversetzen und die komplexe innere Logik seines Tuns nachzuvollziehen. Außerdem teilten sie die Rührung und die damit zusammenhängenden Gedanken. Wir könnten sagen, dass sie, obwohl sie keine Psychoanalytiker*innen sind, eine ungewöhnliche psychologische Sensibilität bewiesen haben; und klarerweise steigerte die bis dahin durchgeführte psychoanalytische Arbeit der Patientin ihr Wahrnehmungsvermögen und ihre Aufmerksamkeit für das Psychische.

Völlig zu Recht ging mein Kollege über die Perspektive der Patientin hinaus, die er gleichwohl zu schätzen wusste, indem er ihr eine weitergehende Deutung hinzufügte: Denn durch ihre Sichtweise hatte die Patientin die Aufmerksamkeit des Psychoanalytikers auf ihr eigenes, echtes, tiefes Leiden gelenkt, das er in den vorangegangenen Tagen unterschätzt hatte.

Die Patientin war recht erstaunt und stimmte ihm zu. Die Sitzung endete dadurch mit dem ermutigenden Gefühl, dass etwas ausgesprochen und in der rechten Weise aufgenommen worden war, und dass sie zu einem Einverständnis gekommen waren. Ich fragte meinen Kollegen, was er von der Bemerkung des Vaters halte, der engstirnig und misstrauisch das Simulieren bzw. den Hilferuf des Mädchens kommentiert hatte. Ich habe ihn auch darauf hingewiesen, dass der Vater diesen Kommentar von hinten gemacht hatte, nachdem er unerwartet aufgetaucht war. Der Kollege dachte, dass der Vater neben dem wirklichen Vater auch ihn, den Analytiker, repräsentierte und dass das negative, überkritische und bestimmende väterliche Phantasma in der vergangenen Woche beinah greifbar geworden war, als er wohl zu stark darauf insistiert hatte, die Kontrollansprüche seiner

Patientin zu analysieren, ohne den beiden Facetten ihres Innenlebens (den Bedürfnissen einerseits und den regressiven und fixen Begierden andererseits) genügend therapeutische Aufmerksamkeit zu schenken.

Diese Szene hat ihm jedenfalls einige nützliche Hinweise geliefert. Ich sagte ihm, dass meiner Ansicht nach auch der Akt, in dem die Patientin jenes Verständnis und jene Rührung mit ihrem Mann geteilt hatte, eine Fortführung seiner Arbeit mit der Patientin darstellte. Wir setzen unsere Reflexion also fort, indem wir eine Kette von Entwicklungen nachverfolgten, die durch die verschiedenen »Fenster« (das Schaufenster des Obstgeschäfts, den Balkon der Patientin, die Praxis des Kollegen und die Supervision) ihrerseits neue Ideen hervorzubringen vermochten.

Ich vertiefe die Analyse dieses Materials hier nicht weiter; ich wollte nur die Aufmerksamkeit der Leser*innen auf den Vergleich zweier unterschiedlich ausgeprägter Fähigkeiten zum Kontakt und zum folgerichtigen Denken lenken – aufseiten der Patientin und des jungen Kollegen. Ich habe diese Szene ausgewählt, weil ich darin zwei Personen am Werk sehe, die beide über Sensibilität und Identifikationsvermögen verfügen, zumindest in jenem Fall. Die Leser*in wird zweifelsohne die Aufgeschlossenheit des Analytikers bemerkt haben – und zwar insbesondere seine Aufgeschlossenheit gegenüber Komplexität: Seine aufgeschlossene Haltung, die er seiner Ausbildung und methodischen Schulung verdankt, ermöglicht es ihm, die Szenen, mit denen er in seinen Sitzungen konfrontiert wird, zu explizieren, weiterzudenken und in ihrer Vielschichtigkeit zu deuten. Dabei handelt es sich um eine besondere Eigenschaft, die uns als Psychoanalytiker*innen ausmacht, und durch die sich – trotz aller unserer Fehler – diejenigen auszeichnen, die unsere Ausbildung teilen.

3. DER ABSCHIED DES HERRN P.

Herr P. war seit einigen Jahren bei mir in Analyse. Zu Beginn der Therapie war er mir vollkommen unsympathisch: Er war ein reicher und beruflich erfolgreicher Mann, verhielt sich höhnisch, sadistisch und überkritisch gegenüber anderen, wobei er nicht zögerte, ihre Schwächen für sich auszunutzen. Der Analyse begegnete er mit Spott, und mit einer beißenden Mischung aus Sarkasmus, Misstrauen, Pedanterie und Nachlässigkeit hat er mich letztlich jahrelang daran gehindert, an der Analyse zu arbeiten. Das Wenige, das er mir zu sagen gestattete, zog er regelmäßig ins Lächerliche und tat es geringschätzig ab. Dennoch hat er mich in einem anderen Sinne zum Arbeiten gezwungen: Er ließ mich lange Zeit aus nächster Nähe das Unglück seines libidinösen Selbst verspüren, das er auf den Anderen projizierte und dort angriff, schmähte und erstickte.

Er hatte therapeutischen Beistand gesucht, als ihm klargeworden war, dass seine Art zwar für die Arbeit einträglich war, ihm aber liebevolle menschliche Beziehungen gänzlich unmöglich machte (was ihn allerdings kaum bekümmerte) und ihn vor allem kalt und unduldsam gegenüber seinen Kindern sein ließ, die er als Fremde empfand. Diese letztere Einsicht war für ihn zunächst traumatisch. Es schien beinah eine Neuauflage der Geschichte von König Midas zu sein. Obwohl er mir seine Geschichte mit einer gewissen zur Schau getragenen Nonchalance vorgetragen hatte, konnte ich einen ganz kurzen Blick auf seine Verzweiflung werfen, was mich davon überzeugte, ihn als Patienten anzunehmen.

Die Sitzung, auf die ich hinauswill, fand nach vielen Jahren harter Arbeit statt. Herr P. hatte sich in der Zwischenzeit stark verändert. Viele seiner Eigenschaften waren ihm geblieben; er hatte aber auch einige seiner menschlicheren Züge wiedergefunden und sich nach und nach mehr Zuversicht, Ehrlichkeit und Vertrautheit in der Analyse gestattet, wodurch sich auch die Beziehung zu seiner Familie in ähnlich vorteilhafter Weise verändert hatte. Aus analytischer Perspektive würde ich sagen, dass wir uns mittlerweile ziemlich gut leiden konnten. Ich hatte auch so manches von ihm gelernt, da er sich auf vielen Gebieten besser auskannte als ich. Kurz: Er war mir gerade sympathisch geworden, als er vorschlug, die Analyse im kommenden Sommer zu beenden. Ich verspürte deshalb neben der Genugtuung, gute Arbeit geleistet zu haben, ein gewisses Bedauern. In jener Sitzung hatte ich jedoch den Eindruck, zur Atmosphäre der Anfangszeiten zurückgekehrt zu sein.

Herr P. ärgerte sich ungemein über Vertragsstreitigkeiten mit einer Firma, in deren Namen »Bologna« vorkam. Eine der beiden Vertragsparteien würde letztlich draufzahlen müssen – die Frage war nur, welche. Mein Patient war zutiefst davon überzeugt, im Recht zu sein, weswegen er auch über seine Frau besonders verärgert war, die ihm aufzuzeigen versucht hatte, wie das Problem einvernehmlich und ohne Nachteil für beide Seiten gelöst werden könnte. Sie hatte weder seine Wut noch sein Gefühl einer narzisstischen Niederlage verstanden.

Ich übersah dabei zunächst, dass er unbewusst auf gleich zwei Ebenen unserer Beziehung anspielte: die Angst vor unserer psychoanalytischen Trennung, bei der zweifelsohne einer draufzahlen würde (der Streit mit der »Bologna«-Firma usw.), und meine »tauben« und verständnislosen Ratschläge (die dem gleichsam »unpsychologischen« Ratschlag seiner Frau entsprachen). Ich döste eine halbe Stunde lang vor mich hin, und während der Patient immer wütender auf seine Frau und die Firma wurde, begann ich, ihn lästig, boshaft, gemein und geradezu enttäuschend zu finden.

Dann aber machte der Patient eine Pause und wechselte das Thema. Er erzählte mir, dass er am Vortag allein in einer anderen Stadt, wo er auf Dienstreise gewesen war, in einem halbleeren Restaurant zu Abend gegessen hatte. Wenige Tische von ihm entfernt saß ein deutsches Paar. Die Frau saß mit dem Rücken zu ihm, und das Seltsame war, dass sie mit einem Fuß aus ihrem Schuh geschlüpft war. Herr P. war davon ein wenig irritiert. Als die Frau dann auch noch begann, auffällig mit ihren Zehen herumzuspielen, geriet Herr P., der gerade dabei war, seine Suppe zu essen, in ernsthafte Empörung und war nahe daran, sich beim Kellner über sie zu beschweren.

Als Herr P. mir das erzählte und ich mir die Szene ausmalte, war mir zum Lachen zumute: Da ich wusste, wie anspruchsvoll und geradezu pingelig er zuweilen war, fand ich all das außerordentlich erheiternd, und so rächte ich mich auch für die Langeweile der vergangenen halben Analysestunde. Ich hatte aber alle Kräfte zusammengenommen, um mir nichts anmerken zu lassen. Auf einmal hielt Herr P.

einen Augenblick inne und sagte mir mit großer Ernsthaftigkeit: »Dann hat die Frau das Glas mit ihrem Fuß genommen und an ihre Lippen geführt. Dabei hat sie sich ein wenig in meine Richtung drehen müssen. Sie hatte keine Arme.«

Zwischen uns herrschte eine gute Minute lang völliges Schweigen. Ich fühlte mich furchtbar und schämte mich zutiefst, heimlich gelacht zu haben. Dann sagte er: »Ich weiß, dass Ihnen gerade erst zum Lachen zumute war. Und dann hat es Sie umgehauen. Genau wie bei mir. Ich glaube, wir beide verstehen uns. Sehen Sie, Herr Doktor, wie leicht es ist, etwas fälschlicherweise als abstoßende Geste zu beurteilen, wenn man die Situation nicht genau genug kennt?!«

Ich war sprachlos, aber nicht nur das. Ich war erstaunt, verblüfft und wie vom Donner gerührt. Mit einem Mal aber wurde mir alles klar. Ich begriff, dass er nicht nur von der *armen* behinderten Frau gesprochen hatte, sondern auch von sich selbst. Denn er war es, der so lange Zeit keine Arme gehabt hatte, um seine Lieben zu umarmen, um mir die Hand zu geben, die Dinge wirklich zu berühren und zu fühlen, und er war es, der lange Zeit nicht so gesehen worden war, wie er war. In der Tat hatte auch ich an jenem Tage eine Abwehrhaltung eingenommen, ebenso wie er, und zwar gegen den Schmerz über unsere herannahende Trennung, und hatte seine Schwierigkeiten im Zusammenhang mit dem Ende der Analyse nicht »gesehen« und ihn übermäßig streng beurteilt, ebenso wie es einst in vielerlei Hinsicht seine so blinden und tauben Eltern getan hatten, denen ebenfalls symbolisch die Arme fehlten, um ihn zu umarmen, und so wie er es viele Jahre lang mit sich selbst getan hatte, indem er seine eigene Menschlichkeit missverstand, verspottete und verachtete.

Aber die Analysejahre waren nicht umsonst gewesen: Herr P. hatte nicht versucht, sein Trauma gänzlich auf mich abzuladen.

Vielmehr hatte er sorgfältig und letztlich mit Erfolg daran gearbeitet, diese »erschütternden« Momente mit mir zu teilen, indem er mich »aufschrecken« ließ, als er mir schilderte, wie die Frau sich umgedreht hatte. Wie gesagt schämte ich mich sehr. Aber dennoch stellte sich ein Gefühl tiefer Empathie mit dem Patienten ein, für den ich große Achtung empfand, echten Respekt und ein gewisses Gefühl der Brüderlichkeit.

Und dann dachte ich wiederum an unsere Arbeit, die so seltsam und unvorhersehbar ist, dass wir kaum jemals voraussehen können, welche Erfahrungen wir als nächstes machen werden.

LITERATUR

Bolognini, Stefano (1997): »Empatia e Patologie Gravi«, in: Antonello Correale und Luigi Rinaldi (Hg.): *Quale Psicoanalisi per le psicosi?* Mailand: Cortina Editore, 41–66.

Gallese, Vittorio (2006): »Mirror Neurons and intentional attunement: A commentary on David Olds«, in: *Journal of the American Psychoanalytic Association*, 54,.

Ders. (2007): »Dai neuroni specchio alla consonanza intenzionale: meccanismi neurofisiologici della intersoggettività«, in: *Rivista di Psicoanalisi*, 53, 1, 197–208.

WILMAS WUNDEN

STEFANO BOLOGNINI

EINLEITUNG

Die hier vorgetragenen klinischen Reflexionen vollziehen sich auf zwei Ebenen. Zunächst betreffen sie die psychoanalytische Behandlung und den erstaunlichen Fall einer traumatisierten Jugendlichen. Anhand des klinischen Materials aus den Sitzungen beschreibe ich die intra- und interpsychischen Probleme der Patientin sowohl während als auch abseits der Therapie. Darüber hinaus aber verweisen diese klinischen Reflexionen auf eine Figur aus dem Familienkreis und dem Bereich interner Objekte, die meines Erachtens in der Psychoanalyse noch nicht ausreichend berücksichtigt und in ihrer Bedeutung noch nicht entsprechend gewürdigt wurde: die des *Großvaters*. Der Großvater kann eine zentrale Rolle für die Entwicklung des Kindes spielen und ein gegenüber den Eltern »alternatives« Bezugsobjekt darstellen. Dabei kann er auch als Verstärker bestimmter psychischer Funktionen des Ich in Beziehung zu dessen eigenem Selbst fungieren.

Die theoretische Grundvoraussetzung der vorliegenden psychoanalytischen Untersuchung besteht darin, dass zu gewissen Zeitpunkten des Lebens und der Analyse neue Elemente in den Bereich interner Objekte eintreten können, auch wenn die Entwicklung des Kindes bereits abgeschlossen ist; zumindest sofern die Umstände eine solche Introjektion begünstigen. Darüber hinaus sind diese neuen Elemente, sobald sie einmal introjiziert sind, nicht bloß in Form einfachhin vorhandener, träger, inaktiver Objekte zu begreifen; vielmehr muss in Rechnung gestellt werden, dass sie mit anderen Objekten der inneren Welt interagieren können, indem sie die innere Disposition des Ich gegenüber dem Selbst modifizieren. Dies fällt insbesondere in traumatischen Situationen ins Gewicht, in denen der Kontakt mit der eigenen Selbsterfahrung in dramatischer Weise unterbrochen und gespalten ist, und in denen das Ich zur Entwicklung lebenswichtiger Abwehrstrategien gezwungen wird, um die Erinnerung, den Kontakt und das Andenken dieser traumatischen Ereignisse zu vermeiden. Ich beziehe mich dabei in einer synthetischen und gleichwohl sinngetreuen Weise auf das klinische Material, was ich in meinen Schlussfolgerungen mit Reflexionen im Nachhall der Therapie verknüpfe.

DER FALL WILMA

Wilma ist ein junges 15-jähriges Mädchen asiatischer Herkunft, das im Alter von vier Jahren adoptiert wurde. Sie lebt mit ihrer Familie in einem städtischen Umfeld, und ihr wird offenbar viel Liebe und Aufmerksamkeit zuteil. Ihre Eltern schickten sie (zweimal wöchentlich) zur Therapie, da sie über ihre geringe Emotionalität und über ihre katastrophalen schulischen Leistungen besorgt waren.

Sie selbst hat die Sitzungen eher passiv über sich ergehen lassen, mehr um ihre Eltern zufriedenzustellen denn aus tatsächlichem innerem Antrieb.

Die Sitzungen der ersten beiden Jahre waren schier endlos, langweilig und vorhersehbar: Sie spielte andauernd mit ihrem Handy herum, sprach sehr wenig und wenn, dann nur achtlos über ihre ziemlich bedeutungslosen Flirts, ohne dabei tatsächlich irgendeine Berührung mit ihrem Innenleben zuzulassen. Das Material war also oberflächlich und eintönig, von einer zwanghaften Abwehrhaltung geprägt, deren Zweck scheinbar darin bestand, die Leere zu füllen und jegliche Übertragung zu vermeiden. Kurz: Sie war abwesend.

Eines Tages sagte ich ihr, dass ihr andauerndes Gerede über ihre Liebesangelegenheiten sie davon abzuhalten scheine, über etwas Anderes nachzudenken. Darauf entgegnete sie zunächst nichts. Am nächsten Tag aber sagte sie etwas Neues: »Ich war bei meinem Großvater. Er ist 86. [Es handelt sich um den Vater ihrer Adoptivmutter.] Ich war traurig, weil er sich bei einem Sturz am Handgelenk und am Auge wehgetan hat. Ich habe zu meiner Mutter gesagt, dass ich ihn bestimmt nicht öfter als einmal in der Woche besuchen werde, *weil mich das angeht.*« Ich wiederum dachte daraufhin über unser Verhältnis nach (mitsamt seinen inneren Wunden, der Anzahl an Sitzungen pro Woche usw.), aber entschloss mich zunächst dazu, zu warten, anstatt direkt darauf zu sprechen zu kommen.

Auf meine Fragen hin (ohne die sie gar nichts gesagt hätte) erzählte sie bruchstückhafte und »isolierte« Erinnerungen an ihre frühe Kindheit, als sie gerade erst in Italien angekommen war – und als sie, während ihre Eltern arbeiten mussten, regelmäßig Zeit mit ihrem Großvater verbrachte.

Als sie von dem Besuch beim Großvater erzählte, wiederholte sie mehrmals, irritiert und ärgerlich: »Das geht mich an!« Und immer wieder nestelte sie an ihrem Handy herum. In Bezug auf ihre Worte fragte ich: »Hat er dich traurig gemacht?« Wilma: »Ja… Das geht mich an!« (Als sie daraufhin innehält, fällt mir auf, dass sie mir in einer recht paradoxen Weise geantwortet hat: Sie schien zu sagen, dass sie traurig sei, oder vielmehr, dass es sie angeht; ich wiederum denke, dass das nicht dasselbe ist.) Daraufhin sagte sie: »Es geht mich an, ihn so zu sehen.« Ich fragte sie: »Aber weil es dir wehtut?« – Meine Frage ist im Übrigen gewollt zweideutig, denn sie kann zwei verschiedene Dinge meinen: Entweder »Es geht dich an, weil es dir wehtut – du liebst ihn und es tut dir weh, ihn leiden zu sehen« oder »Es tut dir weh, weil es dich gewöhnlich angeht, Wunden zu sehen und es dich ärgert, wenn sie dir jemand zeigt, weil es dich aus der Ruhe bringt«.

Wilma verbleibt in dieser Ambiguität und sagt zunächst nur: »Ja…« Ein wenig später jedoch, im Zuge ihrer Assoziationen, sagt sie, dass sie »sein Augenstern« sei. Ich frage mich daraufhin, ob Wilma durch das Leid ihres Großvaters gerührt ist oder ob sie all ihre Zärtlichkeit (*er* ist es, der *sie* liebt) und all ihr Leiden (*er* ist verletzt, nicht *sie*) auf ihn projiziert. Auf einmal zieht sie ein Kinderfoto von sich aus ihrer Tasche und gibt es mir.

Dabei fällt mir auf, dass sie auf dem Foto in gewisser Weise sehr ähnlich aussieht wie heute, nur, dass ihre Augen, als sie klein war, traurig, abwesend und leblos waren. Im Vergleich zu heute zeigt sich ein enormer Unterschied: Selbst wenn sie oft abwesend ist, merkt man ihr ihre Lebhaftigkeit an, und dass im Laufe der Jahre eine Art Reanimation stattgefunden hat. Ich bin jedenfalls weiterhin von ihrer Reaktion auf die Wunden ihres Großvaters erstaunt.

***

Eineinhalb Jahre später: Der Großvater ist gestorben. Wilma hat unter dem Verlust offenbar stark gelitten, sie wollte aber weder zur

Beerdigung gehen noch sein Grab besuchen. Zur Sitzung kommt sie mit dunkler, versteinerter Miene.

Sie erzählt mir, dass sie Streit mit ihren Eltern hatte, weil sie – wie vereinbart – um halb zehn Uhr abends nachhause gekommen war, aber in Begleitung von Andrea, ihrem damaligen Freund. Ihre Eltern dachten, dass sie den ganzen Nachmittag mit ihm verbracht hatte und waren verärgert. Dabei war Andrea erst um halb acht von der Arbeit gekommen und sie hatten nur zusammen eine Pizza gegessen. Sie mied meinen Blick und erklärte, dass sie in zwei Jahren, wenn sie volljährig sein würde, sofort von Zuhause ausziehen würde. Zugleich fühlt sie sich von Andreas Familie »adoptiert«: »*Sie* verstehen mich!« Sie sagt das mit einem emphatischen und streitbaren Seitenhieb auf ihre eigene Familie, der mich auf den Gedanken einer tiefreichenden Spaltung zwischen den »guten« Eltern ihres Freundes und ihren eigenen »schlechten« Eltern bringt.

Ich frage mich also, was die Spaltung bei ihr so radikal macht, im Gegensatz zu anderen Formen der Spaltung, die gewöhnlich bei Jugendlichen vorkommen.

Dann erzählt sie mir, dass sie ein Praktikum als Kindergärtnerin angefangen hat und dass sie sich, wenn sie viel Zeit mit den Kindern verbringt, an ihre eigene Kindheit zurückerinnert. Sie sagt, dass die Worte ihres Vaters, nachdem sie von ihrem Treffen mit Andrea heimgekommen war, »schneidend« gewesen sind. Gleich darauf, scheinbar ohne Zusammenhang, macht sie eine Assoziation zu zwei alten Narben auf ihrem Gesicht und ihrem Bein.

Sie ist wütend und *zum ersten Mal erinnert sie sich daran, dass ein Mann und eine Frau dagewesen waren, als sie verletzt wurde, und dass die Frau sie festhielt, während der Mann sie mit einem Gürtel schlug.* (Ihre Erinnerung bewegt mich sehr und ich bemerke, dass es gerade diese Erinnerung oder zumindest etwas damit Verbundenes ist, was sie wütend macht: Selbst wenn es sich nur um eine Deckerinnerung handeln sollte, ist ihre Erzählung sehr konzise, genau und eindrücklich. Ich bin äußerst beeindruckt.)

Sie erinnert sich an folgende Szene: Sie musste drei oder vier Jahre alt gewesen sein; sie weiß noch, dass die Polizei eingriff und sie in eine kleine katholische Einrichtung brachte, in der es nur wenige Kinder gab (»...die Leute beteten, es gab Nonnen...«). Sie erinnert sich, dass sie ins Bett gemacht hat und dass sie jemand eines Nachts in eine Badewanne voll Wasser geworfen hat. Sie ist sehr wütend. Ihre Eltern hätten sie in Asien lassen sollen, in ihrer Gemeinschaft, dann hätte sie weniger Probleme gehabt.

Sie sagt, dass in der Volksschule alles gut war, dass sie aber in der Sekundarstufe Opfer rassistischer Diskriminierung war und oft von Unternehmungen und Geburtstagsfeiern ausgeschlossen wurde. Ihren Eltern erzählte sie nichts davon, damit sie sich nicht kränken. In der Oberstufe aber hatte sie wiederum keine Probleme mit ihren Mitschüler*innen.

(Während sie spricht, denke ich über ihre Konflikte und die große Verwirrung nach, die der Familienwechsel mit sich gebracht hat. Ihre Adoptiveltern, wie sehr sie sie auch lieben, müssen in der gegenwärtigen Familienkonstellation einen hohen Preis für die in der Vergangenheit geschlagenen Wunden zahlen – und sind sich darüber die meiste Zeit nicht einmal im Klaren. Ich denke, dass Wilma – auch wenn sie gute Beziehungen zu Menschen aufgebaut hat, die als narzisstische und zwillingsgleiche Spiegelbilder fungieren – mit ihren Eltern und anderen Elternfiguren, wie etwa ihren Lehrer*innen, verheerende Übertragungsprozesse durchlebt hat. Ich reihe mich selbst in diese Kategorie ein, ich bin für sie ein schwieriges Objekt, und denke, dass ich sie, wenn ich über solche Dinge zu schnell rede, »in eine Badewanne voll Wasser/Emotionen/Tränen«

werfe; ich muss geduldig sein, anerkennen, dass die Entwicklung nur schrittweise vorangeht, und warten, bis sie selbst die Situation akzeptieren kann.

EINEN MONAT SPÄTER

Wilma ist aufgebracht. Die Wunden waren ihr durch ihre leiblichen Eltern zugefügt worden. Sie erinnerte sich daran, als ihr Adoptivvater wütend in ihr Zimmer stürmte, weil sie zu spät dran war.

Es gelingt ihr nun anzuerkennen, dass »jene beiden« *die Ihrigen* waren, ihre Eltern. (Ich denke, dass ihre Eltern historisch gesehen »die Ihrigen wahren«, aber in ihrer Innerlichkeit »noch nicht die Ihrigen waren«, im weitesten Sinne des Begriffs: Sie sind und bleiben – in der erinnerten Szenerie – ihre biologischen Eltern; aber ihre Adoptiveltern sind es, die sie »herumkommandieren« und die ihr Dinge vorwerfen, die sie nicht getan hat. Oder wiederum bin ich der Ihrige, hier und jetzt (»Ich halte Wilma in der Sitzung gefangen«, innerhalb des analytischen Rahmens, und könnte sie mit ihren Wunden konfrontieren), und noch weiter gedacht sind wir alle (Eltern und Analytiker) »die Ihrigen«, in einer endlosen Wiederholung des Traumas.

Jedenfalls möchte sie nicht mehr darüber sprechen. Sie weiß nicht wie, aber ihre Arbeit im Kindergarten hat all diese Erinnerungen in ihr heraufbeschworen. Nächste Woche, zu Weihnachten, wird sie vielleicht das Grab ihres Großvaters besuchen. »Ich habe eigentlich nur meinen Großvater wirklich geliebt.« (In diesem »nur« höre ich mit, dass sie meint: »ohne größere Konflikte«, im Gegensatz zur Beziehung zu ihren Eltern.)

Während eines Streits mit ihrem Freund weinte sie und dachte an ihren Großvater: »Zu Weihnachten wird Opa nicht da sein.« (Da ich meine Praxis über Weihnachten für zehn Tage

schließe, fühle ich mich ein bisschen wie
»Opa«).

**

Ende Februar verlässt sie Andrea. Sie trifft
Francesco, der humorvoll ist und sie zum
Lachen bringt, »wie mein Großvater«. Sie
denkt nun öfter an ihren Großvater. Tatsächlich hat sie sein Grab noch nicht besucht; sie
hat aber vor, in den nächsten Tagen hinzugehen.

EINE SITZUNG ENDE MÄRZ

Sie sagt, dass sie verschiedene Muskelschmerzen hat. Sie zeigt mir eine Schwellung an ihrem
Handgelenk, die von einer Verletzung herrührte. Sie war beim Bergsteigen gestürzt. Sie
hat vor, bald wieder mit ihrem Vater Bergsteigen zu gehen. Ihr Vater ist sehr sportlich und
hat sie mitgenommen. Das macht ihr viel
Freude, was dazu führt, dass sie stark sein

möchte wie ein Junge. Aber ständig passieren ihr Unfälle.

(Das stimmt wirklich. Ich verstehe nicht, warum ihre Eltern nicht merken, dass sie sich ständig verletzt, wie in einer sich wiederholenden Geschichte, die sie selbst und ihre Eltern immer wieder durchspielen, ohne es zu merken. Sie kommt in der Tat zu jeder Sitzung mit neuen Verletzungen.)

Sie hat geträumt: Im ersten Traum sprach sie mit ihrem Großvater, erinnert sich aber nicht mehr worüber. Ich merke auf, dass es ihr *gelungen* ist, von ihm zu träumen und damit an ihn zu denken. (Es ist eine Art und Weise, »sein Grab zu besuchen«.) Im zweiten Traum hat sie »großen Streit« mit ihrem Vater. Sie braucht mehrere Minuten, bis es ihr gelingt, Assoziationen zu diesem Traum zu finden.

(Mir fällt auf, dass sie diesen geträumten Streit erzählt, gerade nachdem sie davon gesprochen hat, wieder mit ihrem Vater Bergsteigen zu gehen – ich sage aber nichts, da ich glaube, dass diese Beobachtung sie nicht überzeugen würde. Ich habe schon öfters an die sehr reale Gefahr gedacht, der er sie beim Klettern aussetzt; Wilma hat sich dabei schon mehrmals verletzt. Ich denke, dass auch ich sie in gewisser Weise den Gefahren einer »psychoanalytischen Kletterpartie« aussetze – vielleicht ist sie auch auf mich wütend.)

Im weiteren Verlauf der Sitzung erzählt sie mir von drei Zeitungsartikeln, die ihr ins Auge gefallen sind: Der erste handelte von einer Schießerei im Irak, in der amerikanische Soldat*innen einen Geheimagenten töteten, der eine italienische Journalistin eskortierte, nachdem er sie aus der Geiselschaft bei einer Guerillatruppe befreit hatte. Der zweite berichtete von einem Arzt, der im Wahn seine Frau, seinen Sohn und schließlich sich selbst umgebracht hatte. Der dritte Artikel betraf das Verbrechen von Cogne: eine Mutter, die vielleicht ihr kleines behindertes Kind getötet hatte.

Im Zuhören denke ich, dass sie auf furchtbare Situationen anspielt: auf Eltern, die ihre Kinder töten, aber auch auf ihren *italienischen 007-Vater*, der gewaltsam getötet wird, während er versucht, die gefangene *Wilma-Journalistin* zu retten. Ich denke an eine *gefangene*, eine *internierte* Wilma, und stelle mir vor, dass sie von dem Gedanken heimgesucht wird, dass sie – in einem abgespaltenen Teil ihrer selbst (»die Amerikaner*innen«) – Gefühle des Übertragungshasses gegenüber ihrem Vater hegen könnte, obwohl er sie in Wirklichkeit aus dem asiatischen Waisenhaus gerettet hat, und vielleicht auch gegenüber ihrem *007-Analytiker*, der sie (in der Übertragung) aus dem Gefängnis/der Isolation der *Gefangenen* Wilma befreit, die jedoch zugleich eine *Journalistin* ist (insofern sie mir diese Dinge sagen und die schrecklichen Erinnerungen publizieren und bewusst machen kann). Ich denke an all das, aber sage es nicht, weil ich glaube, dass wir noch nicht so weit sind, um diese Art »Deutungsspiel« miteinander zu spielen. Die traumatischen Szenarien verweisen auch retrospektiv auf damals, als sie als Kind mit dem Gürtel geschlagen wurde, worauf Wilma jedoch nicht bewusst anspielt.

Sie erzählt, dass sie den Film *Million Dollar Baby* gesehen hat und davon sehr bewegt war. (Ich denke, dass sie mit dieser Assoziation ihre Schuld gegenüber ihrem *Adoptivvater/ Clint Eastwood* (einem »guten« Amerikaner) abträgt, für den sie stark sein muss wie ein Junge und für den sie ihre Angst überwinden muss.) Ich bemerke, dass sie heute sehr viel spricht, und zwar durchaus kohärent, was im Vorjahr noch ganz anders war.

An diesem Punkt der Sitzung ereignet sich eine wesentliche und mysteriöse Veränderung: Sie beginnt, von *Winnie Puuh* zu sprechen. Sie redet lange über ihn, und erzählt lustvoll und in kindlichem Ton von den Geschichten rund um den kleinen Bären. Allmählich heitert sich die Stimmung auf und ich erfahre eine eindeutige »Großvater-Gegenübertragung«; ich höre ihr mit Freude zu und fühle Zärtlichkeit gegenüber dem Mädchen, das auf einmal so redselig geworden ist; die Zeit kommt mir grenzenlos vor – eine »gute Zeit«.

Sie möchte mir auf meinem Computer Fotos von ihrem Bergurlaub mit Freund*innen zeigen. Ich denke, dass dies ganz anders ist als zu Beginn, als sie während der Sitzungen bloß für sich die SMS und die Fotos auf ihrem Handy angesehen hat. Meinerseits denke ich, dass ich sie wie eine Enkeltochter empfangen müsse. In diesem Moment wird sie ruhig und kann Gedanken und Erinnerungen mit mir teilen. Sie bringt mich Schritt für Schritt zu diesen Gefühlen: Ich ahne ein »Großvater-Ich« in mir, ohne starke Triebe, kaum von Konflikten und Spannungen eingenommen. Ich ahne, dass sie ein Objekt braucht, das weniger reaktiv ist als ein elterliches Objekt (das zwar »stark«, aber auch real und erschreckend ist). Ich sehe das Bild ihres Vaters vor mir, der sie geschlagen hat, und dann den italienischen Großvater, der sie in einer gelassenen Stimmung zum Lachen gebracht hat.

FALLBESPRECHUNG

Ich werde nun versuchen, in aller Kürze eine erste Reflexion auf den klinischen Zugang zur Frage des Traumas vorzulegen, und dabei auf das Material Bezug nehmen, das ich soeben vorgestellt habe.

Was hat Wilma mich gelehrt? Sie hat mich aufs Neue gelehrt, dass alte Wunden immer wieder aufreißen, wenn der Teufelskreis von Amnesie und/oder Anästhesie nicht durchbrochen wird (vgl. Freud 1914, 1938); und dass jene Wunden immer wieder aufs Neue erfahren werden, in Form »körperlicher Erinnerungen«, da sie erkannt, wiedererlebt und integriert werden müssen, um, wenn möglich, letztlich in Erinnerungen transformiert zu werden.

Das zentrale Problem liegt nicht so sehr darin, zu »wissen«, d.h. darin, sich die traumatischen Ereignisse der Vergangenheit vor Augen zu führen, sondern vielmehr darin, sie (unmittelbar oder über Ersatzobjekte) in deren ursprünglicher »Färbung« und mit den damit verbundenen Gefühlen wiederzuentdecken, im Zusammenhang mit Erfahrungen, die es erlauben, das Ich und das Selbst zur Deckung zu bringen (vgl. Bolognini 2003). Bleibt dies aus, so werden in der Übertragung die Gegenwart und die Zukunft stets von der Vergangenheit in Beschlag genommen. Das »Jedesmal, wenn…« ist kompromittiert, wenn die Analytiker*in und die Patient*in nicht darauf zurückkommen können, um es gemeinsam zu verändern, *indem sie das Selbst in die Erfahrung miteinbeziehen.*

Wilma hat mich gelehrt, mich Schritt für Schritt von ihr in ein Objekt verwandeln zu lassen, das ihren unbefriedigten Bedürfnissen angemessener ist: ein gelasseneres und geduldigeres Objekt, das sich von ihren inneren Objekten stärker absetzt und daher kein narzisstisches Spiegelbild darstellt, wie die einander zwillingshaft spiegelnden Instanzen der Freund*innen und des Selbst (vgl. Kohut 1976; Bolognini 2005): letztlich also ein Objekt, das dem ähnelte, das das Leben sie in Person ihres Adoptivgroßvaters kennenlernen ließ; ein Objekt, das dank seiner weniger impulsiven Emotionen in der Lage war, ein Gegengewicht gegen das gewaltsame und aggressive Ungestüm ihres ursprünglichen äußeren Vaters und ihres inneren Vaters aufzubieten.

Ich liebäugle also nun mit dem Gedanken, dass wir schrittweise in die Lage kamen, die sadomasochistische Boxhalle von *Million Dollar Baby* hinter uns zu lassen, in der sich die Verletzungen – in einer verzweifelten Suche nach väterlicher Wertschätzung, die sie, selbst auf Kosten ihrer eigenen Integrität, krampfhaft begehrte – wiederholten, ohne durch einen Prozess der Erinnerung vermittelt zu werden.

Ich denke, dass das Auftauchen von Winnie Puuh und seiner Teddybärenwelt weniger eine kindliche und oberflächliche Nachbildung war, sondern vielmehr die positive Wiedergewinnung einer notwendigen Lebensphase, die wir hoffentlich im Laufe der folgenden Monate – solange wie nötig – miteinander werden teilen können.

Aus theoretischer Perspektive stellt sich die Frage, ob Wilmas assoziativ-emotionale Aneignung des Bären als Aneignung eines Übergangsobjekts verstanden werden kann (vgl. zu diesem Begriff Winnicott 1971). Ich zweifle jedoch daran, dass unbelebte Objekte dem Bereich des Vorsymbolischen angehören. Mein Eindruck ist vielmehr, dass die »menschliche« Darstellung des kleinen Bären für die junge Patientin einfacher zu handhaben war, da dieser ein gewisser protosymbolischer Wert zukommt.

Der »mysteriöseste« und interessanteste Gesichtspunkt, den ich im Kolleg*innenkreis gerne vertieft diskutieren würde, liegt in der folgenden Frage: Was hat es Wilma ermöglicht, im Laufe ihres Assoziationsflusses von jenem schönen, aber traurigen Film zu der beliebten Kindergeschichte rund um den kleinen Bären zu gelangen?

Aus der Perspektive der zeitgenössischen Psychoanalyse erscheint dieser Übergang wohl weniger »mysteriös« als für ältere Ansätze, da Psychoanalytiker*innen im Laufe des letzten Jahrhunderts eine Menge über das Phänomen der Erinnerung und den Prozess der auf die Überwindung der Wiederholung abzielenden Durcharbeitung gelernt haben, wie auch darüber, dass die Fähigkeit, auf das traumatische Ereignis zurückzukommen, es möglich macht, innere und nach außen gerichtete Abwehrhaltungen abzubauen (vgl. Balint 1959), und nicht zuletzt darüber, im Zuge eines Heilungsprozesses schrittweise die abgespaltenen Erfahrungen traumatisierter Subjekte wieder zu integrieren.

Einerseits durchlief Wilma in ihrem Bedürfnis nach der Liebe ihrer Eltern und anderer Elternfiguren immer wieder eine bestimmte Wiederholung der »traumatischen Erfahrungen, die Verletzungen verursachen« (das gefährliche Bergsteigen war, genauso wie Clint Eastwoods Boxhalle, eine Neuauflage des protofamiliären Sadomasochismus, die darauf abzielt, in den Augen des Anderen durch den Beweis von Stärke wertvoller zu erscheinen, und gleichzeitig die traumatischen Ereignisse, die ihr widerfahren waren, zu bewältigen). Andererseits nährte sich die für die Etablierung von Selbstachtung wesentliche und notwendige Erfahrung durch Momente »absoluter« Zuwendung vonseiten der neuen Eltern und des Großvaters, der in ihr seinen »Augenstern« sah.

Vielleicht bedarf es einer solchen Wertschätzung und narzisstischen Bestätigung im Zuge der Übertragung auch vonseiten der Analytiker*in: wie etwa in dem Fall, als Wilma mir ein trauriges Foto von sich auf ihrem Handy zeigte.

Ich habe den Eindruck, dass sie, indem sie sich mir so unmittelbar, so klein, so verletzt und ohne innere Lebenskräfte zeigte, nicht zuletzt zu meinem »Augenstern« werden wollte, und das Augenlicht – ein stets gütiges Licht, das mit der mütterlichen Liebe verbunden ist – auf das kleine Mädchen mit den leblosen Augen in jenem Foto übertragen wollte.

Meiner Ansicht nach ist dieses »Licht« mit einem Akt der Wertschätzung verbunden, mit einer primären narzisstischen Zuwendung, die Kinder für gewöhnlich von ihrer Mutter und ihrer Familie ganz selbstverständlich erlangen, und die im Falle meiner Patientin einem tiefen und unerfüllten Begehren entspricht.

Ich möchte zum Abschluss meiner Überlegungen einige Gedanken zur Bedeutung der Großvaterfigur vorlegen. Über die Dauer der Therapie und letztlich das ganze Leben der Patientin hinweg scheint dem Großvater eine doppelte Funktion zugekommen zu sein. Einerseits fungierte er explizit und augenscheinlich als ein *Objekt* – er war ein gütiger Mensch, von dem sie sich auf eine Art und Weise geliebt fühlte, die weder ambivalent noch provokant war. Aber er fungierte auch als *introjiziertes Ich* (und zwar auf eine implizite Art und Weise, die erst dank der Analyse seiner Wirkung auf Wilma zum Vorschein kam und sich in der Gegenübertragung manifest zeigte). Dies erlaubte es Wilmas Ich, emotional wie der Großvater zu funktionieren und eine vertrauensvolle Beziehung zu ihrem eigenen Selbst aufzubauen.

Scheinbar deutet der Umstand, dass Wilma ihren Großvater als Objekt besetzt hält, auf eine schwierige Trauerarbeit hin, und zwar nicht nur, weil er eine wichtige Rolle im Leben seiner Enkeltochter gespielt hat, sondern auch und gerade aufgrund der Schwierigkeiten und der Unreife des Ich, die es ihr erschwerten, den emotionalen Schmerz zu ertragen, sowie aufgrund ihrer Tendenz, alle möglichen Abwehrhaltungen gegen das Leiden einzunehmen.

Aus diesem Blickwinkel jedoch scheint Wilmas zweideutige Haltung gegenüber ihrem Großvater sich nicht sonderlich stark vom Großteil der klinischen Fälle unverarbeiteter Trauer zu unterscheiden, denen wir in unserer psychoanalytischen Arbeit beggenen. Es trifft zu, dass die Erfahrung, als Kind aus dem ursprünglichen Familienverbund herausgenommen zu werden (selbst wenn sich dies als notwendig erweist), dazu führen kann, dass das adoptierte Kind es auch später vorzieht, dass das Objekt nach einer Trennung »völlig ausgelöscht« wird. Im Fall von Wilma jedoch beobachtete ich keine radikale Verleugnung ihres Großvaters, sondern vielmehr eine von ihr selbst wahrgenommene Schwierigkeit, ihm näherzukommen – sowohl physisch (an seinem Grab) als auch emotional (sich dem Schmerz zu stellen). Meines Erachtens ist die komplexe »Funktion« dieser Figur sehr wichtig, und zwar sowohl in Bezug auf die Dynamik ihres Gefühlslebens als auch im Wiederauflebenlassen, im analytischen Prozess der Übertragung und der Gegenübertragung. Dieses junge Mädchen wurde sowohl verwundet als auch mit Reizen überflutet. Im Zuge der Analyse schien sie jedoch sukzessive einen Raum für das Andenken und die (wenn auch schwierige) Erinnerung zu finden.

Mir ist klar, dass wir noch viel Arbeit vor uns haben, aber ich denke, dass ich mit jener Schlussfolgerung enden kann: Dank der Möglichkeit, seine Gefühle mit einem hinreichend kompetenten und verfügbaren Objekt zu teilen, kann die zeitgenössische Psychoanalyse traumatisierten Subjekten eine Entdeckung zuteilwerden lassen, die sich durch die intersubjektive und geteilte Erfahrung ihrer Wunden entwickelt und die ihr Leiden weniger sprachlos und einsam zu machen vermag.

LITERATURVERZEICHNIS

Balint, Michael (1959): *Angstlust und Regression. Beitrag zur psychologischen Typenlehre. Mit einer Studie von Enid Balint.* Stuttgart: Klett.

Bolognini, Stefano (2003): *Die psychoanalytische Einfühlung.* Gießen: Psychosozial-Verlag.

Ders. (2006): »The profession of ferryman: Considerations on the analyst's internal attitude in consultation and in referral«, in: *International Journal of Psychoanalysis*, 87, 1, 25–42.

Freud, Sigmund (1914): »Erinnern, Wiederholen und Durcharbeiten. Weitere Ratschläge zur Technik der Psychoanalyse«, in: *Gesammelte Werke*, Bd. 10. Frankfurt/M.: Fischer, 126–36.

Ders. (1938): *Der Mann Moses und die monotheistische Religion.* (GW/XVI, 103–246) Frankfurt/M.: Fischer.

Kohut, Heinz (1971): *Narzissmus. Eine Theorie der psychoanalytischen Behandlung narzisstischer Persönlichkeitsstörungen.* Frankfurt/M.: Suhrkamp 1975.

Winnicott, Donald W. (1971): *Vom Spiel zur Kreativität.* Stuttgart: Klett 1973.

VORLESUNGEN IM SIGMUND FREUD MUSEUM WIEN

Hg. vom Sigmund Freud Museum Wien

JUDITH BUTLER
Politik des Todestriebes
Der Fall Todesstrafe
Sigmund Freud Vorlesung 2014
(zusammen mit aka Wien)
ISBN 978-3-85132-760-1, 77 S., € 10,–

*

PAUL VERHAEGHE
Narziss in Trauer
Das Verschwinden des Patriarchats
ISBN 978-3-85132-778-6, 98 S., € 10,–

auch englisch:
Narcissus in Mourning
The Disappearance of Patriarchy
ISBN 978-3-85132-779-3, 84 S., € 10,–

*

SLAVOJ ŽIŽEK
Der göttliche Todestrieb
Sigmund Freud Vorlesung 2015
ISBN 978-3-85132-817-2, 111 S., € 14,–

*

STEFANO BOLOGNINI
Das Ereignis der Einfühlung
Zwei psychoanalytische Reflexionen
Sigmund Freud Vorlesung 2016
ISBN 978-3-85132-861-5, 90 S., € 12,–

Erschienen im
VERLAG TURIA + KANT
Wien – Berlin
www.turia.at